구석구석
역사 어드벤처
이집트

글 데이비드 롱 | 그림 해리 블룸 | 옮김 김선희

스푼북

여러분은 이 책을 통해 고대 이집트의 실제 장소를 탐험하며,
노예에서 파라오에 이르기까지 이집트 사람들이 어떻게 살았는지 알게 될 거예요.
또한 이집트 역사의 중요한 순간들도 자세히 들여다볼 수 있어요.

무덤에 온갖 보석이 가득 차 있던 소년 왕, 투탕카멘을 만나 보세요.
로마 지도자에 맞서 해전을 벌인 클레오파트라를 지켜보세요.
그리고 미라를 어떻게 만드는지도 알아봅시다.

이 책을 제대로 보는 법

페이지를 넘겨 눈앞에 펼쳐진 그림을 잘 살펴보세요. 장면 장면을 다시 볼 때마다,
여러분은 새로운 것을 발견하게 될 겁니다! 내용을 파악하고 나서 무슨 일이 일어나고 있는지 찾아보세요.
가족 결혼식에서 버릇없이 구는 사람은 누구일까요?
행진하는 장면 속 파라오를 찾았나요? 미라를 석관에 넣는 사람은요?

페이지마다 나와 있는 그림 열 개도 찾아보세요. 다양한 행동이 가득 찬 장면을
자세히 살펴보세요. 깜짝 놀랄 만한 그림에서 무척이나 많은 보물을 찾게 될 거예요.

이제 40쪽을 펼쳐 여러분의 기억력을 테스트해 보세요. 각각의 그림을 어디에서 만났는지 기억하나요?
기억이 나지 않는다고 해도 걱정하지 마세요. 우리가 여러분을 당장 미라로 만들지는 않을 테니까요!
다시 한번 숨은그림찾기 모험을 떠나 보세요. 이번에는 훨씬 더 많은 걸 찾아낼 수 있을 거예요.
38쪽에 나와 있는 상형 문자 쓰는 법을 배워 보세요. 그리고 나서 44페이지로 가서 연대표를 살펴보세요.

뭘 망설이나요? 무덤 도굴꾼들이 먼저 찾아내기 전에 지금 당장 고대 이집트의 비밀을 확인해 보세요.

차 례

나일강과 사막
6 ~ 7

가족 결혼식
8 ~ 9

농사일과 집짓기
10 ~ 11

파라오
12 ~ 13

쿠푸왕 피라미드
14 ~ 15

신들과 사제들
16 ~ 17

아크나톤과 투탕카멘
18 ~ 19

힘겨운 노동
20 ~ 21

놀라운 발명품들
22 ~ 23

임호텝
24 ~ 25

알렉산드리아 도서관
26 ~ 27

죽음과 미라 제조
28 ~ 29

무덤 도굴꾼!
30 ~ 31

클레오파트라 7세
32 ~ 33

스핑크스의 수수께끼
34 ~ 35

투탕카멘의 무덤
36 ~ 37

상형 문자
38 ~ 39

그림 찾기 도전!
40 ~ 41

정답
42 ~ 43

연대표
44

용어 설명
45

가족 결혼식

고대 이집트 사람들은 남자와 여자 모두 평등하다고 생각했어요. 여자 아이들은 이따금 아주 어린 나이에 결혼을 했지만 그래도 여전히 남자와 동등한 법적 권리를 갖고 있었어요. 고대 이집트의 결혼식이 어땠는지 정확히 알려지지는 않았어요. 신부 가족이 신부의 물건을 신랑 집으로 가지고 가면 두 사람이 부부가 되었다고 보는 역사가들도 있어요. 고대 이집트 사람들은 축제와 음악과 춤을 무척 즐겼어요. 그러니 결혼을 축하하는 성대한 파티를 열었을 거예요. 파티에서 사람들은 멋진 옷과 가발을 차려입고, 바닥에 앉아 음식을 먹으며 친구, 가족과 함께 이야기꽃을 피우면서 새벽까지 음악에 맞춰 손뼉 치며 신나게 놀았겠죠.

꼭 찾아봐야 할 열 가지

화장 남녀 모두가 화장을 했어요. 광물질(미네랄)로 아이섀도와 아이라이너를 했어요. 레드 오커(적갈색 황토)로 입술과 뺨을 칠하고, 헤나 식물에서 추출한 염료로 머리카락을 염색하고 손톱을 물들였어요.

세네트 세네트는 대중적인 보드게임이었어요. 체스 또는 체커 게임과 비슷해요.

팽이 아이들은 팽이, 인형, 장난감 동물을 가지고 놀았어요. 활쏘기와 목마 타기도 인기가 많았어요.

류트 사람들은 특별한 행사 때 음악가를 불러 연주를 부탁했어요. 음악가들은 하프, 플루트, 류트를 연주했어요. 류트는 오늘날의 기타와 비슷해요.

가발 남자와 여자 모두 더위를 식히고 머릿니를 없애기 위해 머리를 밀었어요. 외출할 때는 가발을 썼고요. 아이들도 머리를 밀었는데, 이따금 한쪽 머리를 땋기도 했어요.

왁스(밀랍) 파티에 참석할 때는 가발에 밀랍을 발라서 좋은 향기가 나도록 했어요.

옷 이집트의 의상은 간소하고 가벼웠어요. 꼬마들은 몸에 아무것도 걸치지 않았어요. 남자는 천을 허리에 두르고 끈으로 매어 고정했어요.

댄서 저녁 만찬과 연회에선 댄서 여럿이 손님들의 흥을 돋워 주었어요.

맥주 아이들도 맥주를 마셨어요. 깨끗한 물을 구하기 어려웠거든요.

물고기 이집트 사람들은 육류보다 생선을 더 많이 먹었어요. 하지만 연회에서는 오리, 왜가리, 비둘기를 즐겨 먹었어요. 대추야자와 꿀로 만든 달콤한 케이크도 좋아했어요.

 **공물(제물)** 이집트 사람들은 신이 농작물을 자라게 한다고 믿었어요. 그래서 추수가 끝나면 신전에 모신 신들에게 제물을 바쳤어요.

 **밀** 밀과 보리로 빵과 맥주를 만들었어요. 알곡은 돈으로 사용할 수도, 세금으로 낼 수도 있었어요.

 **창** 높은 창은 공기를 순환시켰어요. 그래서 실내가 꽤 시원했어요.

 **벽돌** 이집트 사람들은 진흙에 짚을 섞어 벽돌을 만들었어요. 그것을 틀에 넣어 모양을 잡고, 햇볕 아래에서 바짝 말렸어요.

 **건축가** 오늘날의 벽돌공처럼, 건축가들은 다림줄(끝에 추를 달아 늘어뜨리는 도구)을 사용해 수직이 맞는지 확인했어요.

 **침대** 가구는 아주 부유한 사람들만 사용했어요. 대부분은 바닥에서 잠을 잤어요. 독이 있는 전갈한테 물리지 않기를 바라면서요.

홍수의 시기는 아케트라 불렀어요. 씨를 뿌리는 시기를 페레트라 불렀고요. 씨를 뿌리고 몇 달이 지나면 농작물을 거두어들이는 셰무가 오지요. 이집트에는 비가 거의 내리지 않아서 이런 계획은 무척 중요했어요. 굶주림은 끊임없는 위협이었으니까요. 농부들이 잘못된 시기에 씨앗을 뿌리면, 아무것도 자라지 않아 사람들은 굶어 죽게 되지요. 또 제때 작물을 거두어들이지 않으면, 홍수에 떠내려가고 말 거예요.

쿠푸왕 피라미드

가장 유명한 파라오는 쿠푸입니다. 쿠푸는 기원전 2589년~기원전 2566년 경에 나라를 다스렸어요. 쿠푸의 생애에 관해서는 알려진 게 거의 없지만, 분명 20대의 나이에 왕위에 올랐을 거예요. 쿠푸는 파라오가 되자마자 자신이 묻힐 피라미드를 세우라고 명령했어요. 기자에 있는 대피라미드라고 불리는 쿠푸왕 피라미드는 이집트 피라미드 중에서 가장 커요.
230만 개 이상의 벽돌로 지었는데, 벽돌 하나의 무게가 2~15톤에 이른다고 해요. 이 피라미드를 짓는 데는 20년 이상이 걸렸어요. 쿠푸의 무덤이 완성되고 난 뒤, 이 피라미드는 지구에서 4,000년 이상 가장 높은 건물로 남아 있었어요.

꼭 찾아봐야 할 열 가지

 **감독관** 쿠푸왕 피라미드 건설을 책임진 사람은 헤미우누였어요. 헤미우누는 사제이면서 파라오를 옆에서 도와주는 고관 대신이었어요.

 **물** 건축가들은 운송용 썰매를 이용해 무거운 돌을 모래 위에서 끌어당겼을 거예요. 썰매를 끌기 쉽게 하려고 모래에 물을 뿌렸어요.

 **건축가** 쿠푸왕 피라미드는 약 10만 명의 일꾼들에게 임금을 주고 지었어요. 일꾼들은 근처에서 캠프 생활을 했어요.

 **입구** 도굴꾼들이 무덤에서 보물을 훔치지 못하도록, 무덤 입구는 땅에서 15미터 이상 높은 곳에 짓고 숨겨 놨어요.

 **쿠푸** 쿠푸는 자신의 피라미드를 자기 아버지의 것보다 더 크게 짓고 싶었어요. 결국 소원을 이루었지요!

 **왕비의 피라미드** 쿠푸의 아내들을 위해 지은 규모가 작은 피라미드들이 근처에 있어요.

 **계획** 쿠푸왕 피라미드는 놀라운 건축물이에요. 건축가들은 상세한 계획에 따라 피라미드를 지었어요.

 **점심** 피라미드를 짓는 데 동원된 일꾼들에게는 먹을거리를 넉넉히 주었어요. 그래서 일꾼들은 불평하지 않고 열심히 일했지요.

 **노** 쿠푸의 배에는 노가 열두 개 있었어요. 삼나무를 하나하나 깎아서 멋지게 조각했어요.

 **광을 내는 사람** 피라미드는 석회암으로 만들었는데, 바깥쪽에 놓은 돌은 반들반들하게 광을 내 햇빛이 반사되도록 했어요.

쿠푸왕 피라미드 옆, 조각한 돌 구덩이에는 배 한 척을 통째로 해체해서 묻었어요. 이 세상에 남아 있는 가장 오래된 배예요. 파라오가 사후 세계에서 사용하도록 묻은 것 같아요.

신들과 사제들

고대 이집트 사람들은 2,000명이 넘는 각기 다른 신을 숭배했어요. 신들이 이 세상과 모든 사람들의 삶을 다스린다고 믿었거든요. 신들은 때로 인간의 몸에 동물 머리를 달고 나타나요. 이집트의 중요한 신 중 하나는 호루스예요. 호루스는 하늘과 왕위를 주관하는 신인데, 보통 매 또는 매의 머리를 한 남자의 모습으로 표현돼요.

꼭 찾아봐야 할 열 가지

 호루스 신들의 조각상은 보통 나무나 돌로 만들었어요. 때로는 금박을 입히기도 했지요.

 자물쇠 사제들은 매일 아침 신전에 단단하게 걸어 둔 자물쇠를 열었어요. 해가 지면, 문을 단단히 잠갔고요. 만약 아침에 자물쇠가 열려 있다면, 밤사이에 누군가 몰래 들어왔겠죠.

 매 사람들은 매, 숫양, 황소 등을 각기 다른 신들이 나타난 신성한 동물이라고 믿었어요. 이러한 동물들은 신전에 살았어요.

 부적 고대 이집트 사람들은 신들을 상징하는 부적을 몸에 지니고 다녔어요. 부적이 자신들에게 행운을 가져다주고 악으로부터 보호해 준다고 믿었거든요.

마을과 도시마다 신들이 사는 신전이 있었어요. 신성한 신전에는 신들의 조각상이 모셔져 있었는데, 오직 사제들만 그 안에 들어가 조각상을 볼 수 있었어요. 보통 사람들은 출입할 수 없었지요. 고대 이집트의 발명품인 자물쇠가 채워져 있었거든요. 신들을 보살피는 건 파라오의 일이었어요. 하지만 파라오는 나라를 다스리는 일로 무척 바빴기에, 사제들이 대신 그 역할을 담당했어요. 사제들은 매일 조각상을 씻기고 옷을 갈아입히고 음식과 물을 바쳤어요.

 **최고 사제** 최고 사제는 신의 조각상 앞에 엎드려 존경을 표했어요.

 **기름 램프** 신전은 골풀과 마른 식물로 만든 기름 램프와 횃불에 불을 밝혔어요.

 **향(향료)** 신전에는 달콤한 냄새가 나는 향료를 태워 신들을 즐겁게 해 주었어요.

 **향수** 향수는 이집트 사람들에게 매우 신성한 물건이었어요. 사람들은 향수가 태양신 라의 땀에서 나온다고 생각해서 신전에서 향수를 만들어 자신들의 신에게 바쳤어요.

 **보석** 사제들은 조각상 앞에 황금, 귀중한 보석, 음식과 음료수를 공물로 바쳤어요.

 조각상 종교 의식을 치르는 동안, 사제는 일반 백성들이 신들의 조각상을 잘 볼 수 있도록 어깨에 둘러메고 의례용 배에 실었어요.

 **아크나톤** 아크나톤의 조각상은 푸른색 왕관을 쓰고 있어요. 이 왕관은 파라오가 행사에 참석할 때와 싸움터로 달려갈 때 썼어요.

 궁전 아크나톤과 네페르티티는 나일강 주변에 자리 잡은 커다란 궁전에 살았어요. 그림으로 꾸민 프리즈라는 장식물과 파란색 타일로 벽을 꾸몄어요.

 문자 아케타텐에는 진흙 서판에 적힌 수백 개의 문자가 남아 있었어요. 그 내용은 대체로 중요 지도자들이 파라오에게 보낸 것이에요.

 기념 돌기둥 돌기둥 열네 개가 도시를 빙 둘러싸고 있었어요. 이 돌기둥에 새겨진 조각은 태양신 아톤을 기리기 위해 이 도시를 세웠다는 걸 잘 보여 주지요.

 **도둑!** 아케타텐의 궁전과 사원을 짓는 데 사용했던 돌은 모두 다시 빼내 다른 건물을 짓는 데 사용했어요.

 빵과 맥주 도시를 세운 일꾼들은 비좁고 갑갑한 집에서 생활했어요. 음식은 대부분 빵과 맥주였어요. 그래서 건강 상태가 그다지 좋지 못했어요.

하지만 이집트 사람들은 자신들의 오랜 전통을 사랑했어요. 아크나톤과 네페르티티가 죽은 뒤, 다시 각양각색의 신들을 숭배하기 시작했어요. 그리고 멤피스는 다시 이집트의 수도가 되었지요. 투탕카멘은 파라오의 자리에 오른 뒤, 백성들에게 태양신 아톤을 숭배하는 사원들을 파괴하라고 명령했어요. 이제 아케타텐에 살고 싶어 하는 사람은 아무도 없었어요. 도시는 대부분 마른 진흙으로 지었기에, 모두가 떠나고 난 뒤 금세 폐허가 되고 말았지요.

힘겨운 노동

고대 이집트에서 노예로 살아간다는 건 무척 힘겨웠어요. 많은 노예들이 태양이 내리쬐는 뜨거운 열기 속에서 일하며 채찍질을 당하거나 두들겨 맞았어요. 하지만 운이 좋은 노예들도 있었지요. 기술이 뛰어난 몇몇 남자 여자들은 신전을 비롯해 부자들의 집과 정원을 돌봤어요. 음악가나 무용가로 일하거나, 편지 또는 공식 문서를 쓰는 일을 담당하기도 했어요. 당시 대부분의 사람들은 읽거나 쓸 줄 몰랐거든요. 노예들은 직업 선택의 자유가 없었어요.

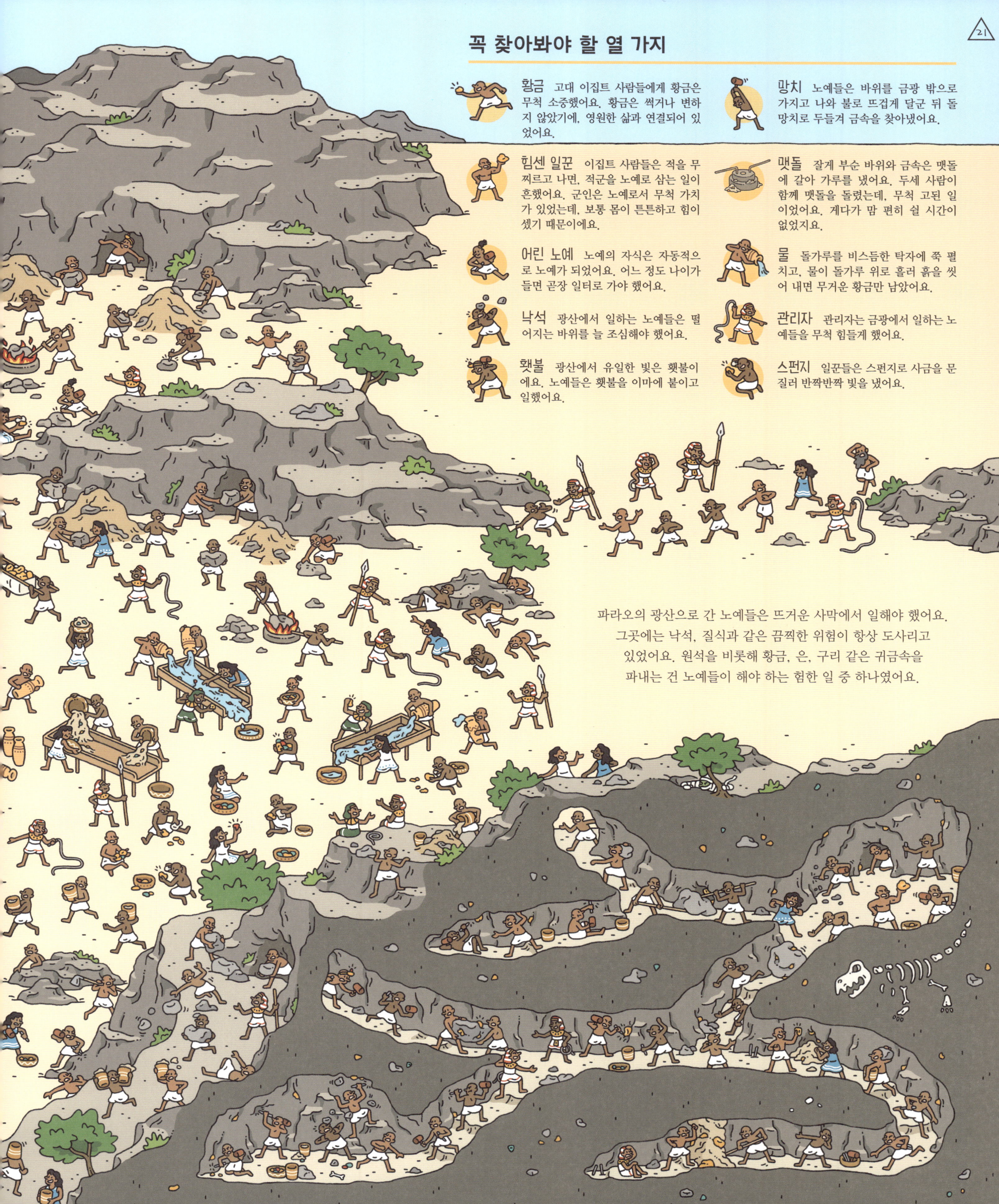

꼭 찾아봐야 할 열 가지

 **유리 제조 기술자** 이집트 사람들은 석영이라는 돌을 잘게 부숴 녹인 다음, 아름다운 유리를 만들었어요.

 병 녹인 유리를 점토 덩어리 주변에 부은 뒤, 식혀서 장식용 병을 만들었어요. 부자들은 유리병에 값비싼 기름과 향수를 넣어 두었어요.

 **파란 구슬** 이집트 사람들은 유리구슬, 특히 파란색 구슬을 보석처럼 몸에 둘렀어요. 파란 구슬에 마법이 담겨 있다고 생각했거든요.

 **알렉산드리아의 등대** 알렉산드리아에 세계 최초의 등대가 세워졌어요. 알렉산드리아는 이집트에서 가장 중요한 항구 도시였어요. 낮에는 등대의 커다란 금속 거울이 태양빛을 반사하고, 밤에는 불빛이 등대 꼭대기를 비추었어요.

놀라운 발명품들

이집트 사람들은 놀라운 발명가들이었어요. 최초의 등대를 세웠을 뿐만 아니라, 최초로 식물 염료에 밀랍을 섞어 만든 컬러 잉크로 글을 썼어요. '종이(paper)'라는 단어도 나일강을 따라 자라는 식물로 만든 '파피루스(papyrus)'에서 유래했지요. 또한 이집트 사람들은 자체적인 달력을 발명했고, 시간을 측정하는 두 가지 발명품을 만들었어요. 낮에는 초창기 해시계의 일종인 '오벨리스크'라고 부르는 기념물의 그림자로 시간을 계산했어요. 어둠이 깔리면 물시계를 활용했어요. 물이 든 그릇 바닥에 작은 구멍을 내 그 사이로 물이 천천히 떨어지게 만들었답니다.

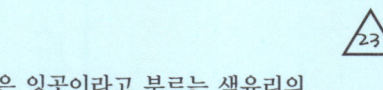

 **파피루스** 파피루스는 파피루스라는 풀 줄기로 만든 일종의 두꺼운 종이예요.

 오벨리스크 오벨리스크는 높은 기둥으로, 꼭대기는 피라미드처럼 뾰족해요. 이집트 사람들은 오벨리스크의 그림자 위치를 계산해서 시간을 가늠할 수 있었어요.

 **잉곳** 상인들은 잉곳이라고 부르는 색유리의 작은 덩어리들을 다른 나라와 물물 교환했어요. 먼 길을 이동하는 과정에서 꽃병이나 병보다는 깨질 위험이 적었거든요.

 **미네랄** 유리 제조 기술자들은 석영에 광물을 섞어 색깔을 만들었어요. 예를 들면, 철(노란색), 코발트(파란색), 구리(청록색), 망간(보라색) 등이 있어요.

 **달력** 이집트 달력의 경우, 각각의 달은 30일로 되어 있고, 연말에 5일을 더해서 총 365일을 만들었어요.

 트리톤 알렉산드리아의 등대 모퉁이마다 조각상이 있었는데, 이것은 트리톤이라는 바다의 신을 나타내요.

이집트 사람들은 소금, 민트, 꽃잎, 후추를 곱게 갈아서 치약을 만들었어요. 유향과 몰약이라는 나무 수지, 향신료가 첨가된 꿀을 함께 끓여 입 냄새 제거 알약도 만들었어요.

임호텝

최초의 이집트 피라미드는 파라오 죠세르를 위해 세운 피라미드라고 해요. 이 피라미드는 죠세르가 가장 신뢰했던 조언자 임호텝이 지었어요. 임호텝은 사제이자 뛰어난 수학자 및 과학자였어요. (물론, 고대 이집트 사람들은 '과학'이라든가 '과학자'라는 단어를 사용하지는 않았어요.) 임호텝은 뛰어난 지식과 기술 덕분에 보잘것없는 신분에서 벗어나 이집트 사회에서 아주 막강한 사람이 되었지요. 죽고 나서는 지혜의 신으로 추앙받았어요.

알렉산드리아 도서관

고대 세계에서 가장 유명한 도서관은 알렉산드리아 도서관이었어요. 파괴되기 약 2,000년 전까지, 세계 최대 규모의 도서관이었어요. 이집트의 통치자, 프톨레마이오스 1세 소테르는 지난 수 세기 동안 인간이 얻은 모든 지식을 이 도서관에 다 담으려 했어요. 안마당과 아름다운 정원으로 둘러싸인 이 웅장하고 화려한 도서관은, 순식간에 연구와 배움의 중요한 장소가 되었어요. 도서관에는 역사, 법률, 희극, 비극, 철학, 시, 수학, 과학 등 다양한 주제의 책이 있었어요. 수집품이 엄청나게 늘어나자 곧 근처에 새로운 건물을 지어야 했지요.

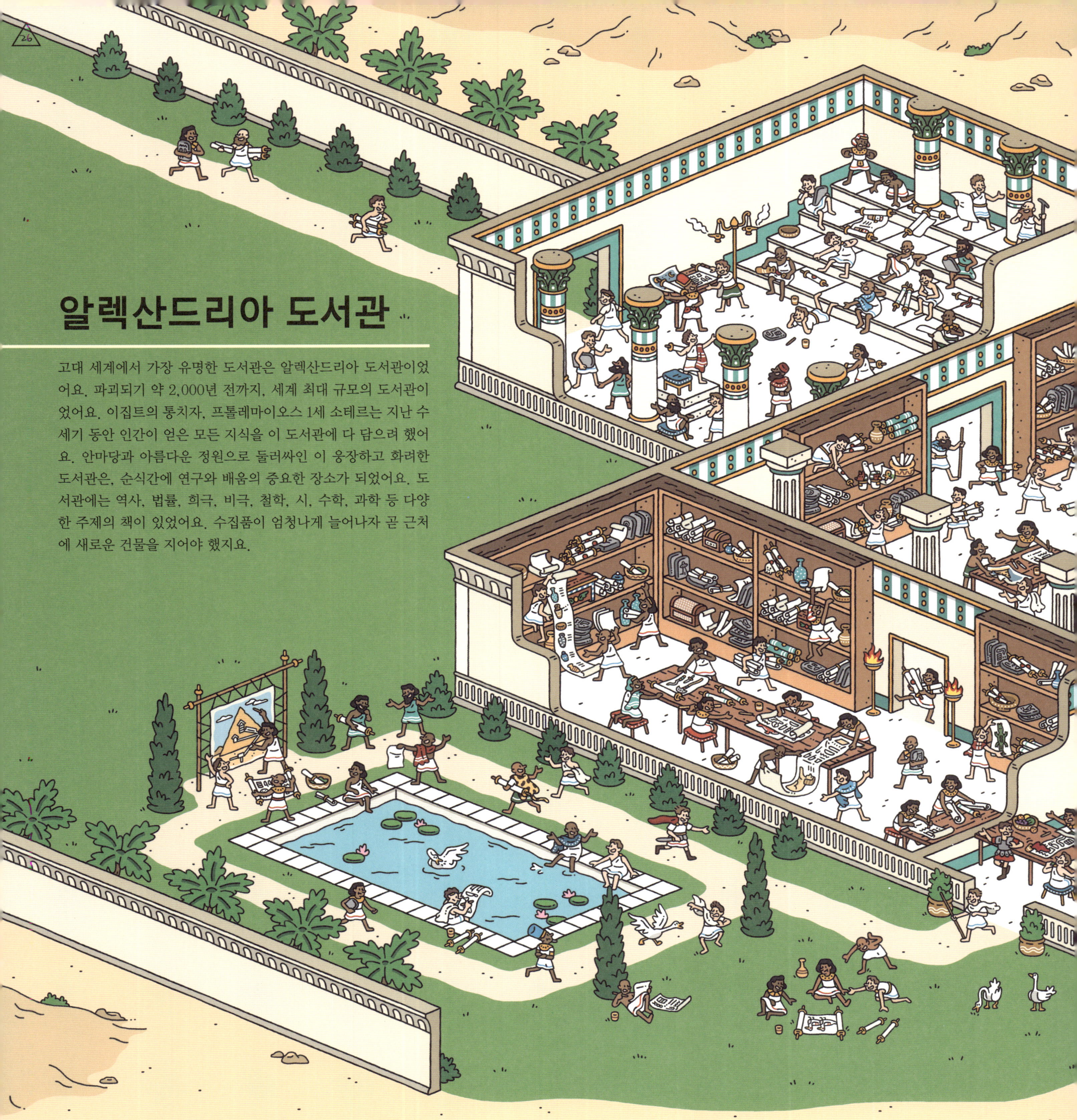

꼭 찾아봐야 할 열 가지

 두루마리 아직 책이 발명되지 않았기에, 도서관의 정보는 모두 파피루스 두루마리에 보관되었어요.

 **상인** 상인과 여행자 들이 그리스와 로마 제국 등에서 도서관으로 서류들을 가져왔어요.

 글을 읽는 사람 글을 읽기 위해서는 두루마리를 펴야 했어요. 작품 하나를 담으려면 두루마리가 여러 개 필요했지요.

 **도서관 책임자** 보통 이집트 사람이 아니라 그리스 사람이 도서관 책임자를 맡았어요. 당시에는 그리스 지도자들이 이집트를 다스렸거든요.

프톨레마이오스 1세 소테르가 죽고 약 240년 뒤에 커다란 재앙이 닥쳤어요.
로마와의 전쟁 중에 도서관 본관이 불에 타 버린 거예요.
도서관 안에 있던 대부분의 자료가 파괴되었지요.
누군가 일부러 불을 냈는지, 사고로 불이 났는지는 아무도 몰라요.

 **필경사** 필경사들은 도서관에서 일하면서 새 두루마리에 글을 그대로 옮겨 적었어요.

 **학자** 학자들은 도서관에 와서 두루마리에 적힌 글을 연구했어요. 두루마리를 밖으로 가지고 나가지 않고 도서관 책상에서 연구했지요.

 **강연자** 도서관에는 여러 개의 방과 강연 홀이 있어서, 방문객들은 위대한 사상가들이 자신의 작품에 대해 이야기하는 걸 들을 수 있었어요.

 **쉬는 시간** 저술가와 철학자 들은 때때로 정원을 산책했어요. 그곳에서 중요한 아이디어를 놓고 토론할 수도 있었지요.

 **점심** 도서관에는 식당이 있어서, 사람들은 함께 식사하며 대화를 나눌 수 있었어요.

 **수집가** 때때로 필경사들은 희귀한 두루마리의 복제품을 만들어 수집가에게 비싸게 팔았어요. 이 돈은 도서관 살림에 보탬이 되었어요.

죽음과 미라 제조

최초의 이집트 미라는 우연히 생겨났어요. 수 세기 동안 이집트 사람들은 죽은 사람을 뜨거운 사막에 있는 야트막한 구덩이에 묻었어요. 모래 속에서는 시체가 금방 말라 수백 년, 때로는 수천 년 동안 그대로 있었어요. 사람들이 점점 부유해지자, 죽은 사람을 바구니 또는 나무 관에 넣기 시작했어요. 그렇게 야생 동물로부터 시체를 지켜 낼 수 있었지요. 하지만 만약 모래와 접촉하지 않았다면 시체는 부패했을 거예요. 이집트 사람들은 죽은 자가 사후 세계에 가기 위해서는 육체가 필요하다고 믿었어요. 그래서 시체를 보관하는 방법을 생각해 냈는데, 바로 미라로 만드는 것이었어요. 미라를 만드는 일은 사제들이 담당했어요. 사제들은 시체의 내장을 빼낸 뒤, 시체를 소금으로 덮었어요.

꼭 찾아봐야 할 열 가지

 **방부 처리하는 사람** 시체를 보존하는 사제들을 '방부 처리하는 사람'이라고 불렀어요.

 카노푸스의 단지 시체에서 빼낸 내장은 카노푸스의 단지라고 부르는 항아리에 보관했어요. 이 항아리는 동물 신들의 머리 모양으로 장식했어요.

 **갈고리** 갈고리는 콧구멍을 통해 뇌를 빼내는 데 사용했어요. 심장은 그대로 두었는데, 그건 심장이 기억과 지능의 중심이라고 생각했기 때문이에요.

 밧줄 만약 방부 처리하는 사람이 내장을 잃어버리거나 손상을 입혔을 경우에는 항아리에 내장 대신 밧줄을 채워 넣었어요.

사제들은 시체에 소금을 덮고 40일 동안 그대로 두어 말렸어요.
그러고 나서 향유, 밀랍, 끈적끈적한 송진을 시체에 쏟았어요.
마지막으로 리넨 천으로 몸을 감싸고 나면
송진이 마르며 딱딱하게 굳게 되지요.

 **소금** 시체를 보존하기 위해 사용하는 소금을 소다석(나트론)이라고 불러요. 이 소금은 사막의 마른 호수 바닥에서 구했어요.

 **아누비스** 사람들은 미라로 만드는 일을 주관하는 신인 아누비스를 숭배했어요. 아누비스는 인간의 몸에 자칼의 머리를 하고 있어요.

 톱밥 마른 시체 안에 때때로 톱밥이나 천을 넣기도 했어요.

 상징 미라에 두른 붕대가 마르면, 거기에 마법의 상징과 장식을 그려 넣었어요. 악에서 미라를 보호할 수 있다고 믿었거든요.

 **석관** 한껏 멋지게 장식한 미라를 땅에 묻기 전에, 석관이라 부르는 커다란 돌함에 넣었어요.

 의자 죽은 사람이 사후 세계에서 사용하도록 가구, 게임, 보석, 그릇, 음식을 미라와 함께 묻었어요. 이것을 부장품이라고 해요.

꼭 찾아봐야 할 열 가지

벽화 그리기 피라미드 저 깊숙한 곳에는 파라오의 묘실이 있어요. 거기에는 아주 멋지게 꾸민 조각과 그림이 있었어요.

파라오의 석관 파라오의 미라는 커다란 석관 안에 넣었어요. 석관 뚜껑은 엄청 무거워서 미라를 안전하게 보관할 수 있었어요.

돌무더기 피라미드 안에는 수백 미터에 이르는 가파르고 좁은 통로가 있었어요. 통로는 때때로 커다란 돌 또는 돌무더기로 막아 놨어요.

막다른 곳 어떤 통로는 어디로도 이어져 있지 않았어요. 이렇게 가짜 통로로 도둑들을 속여 파라오의 방에 접근하지 못하게 했어요.

무덤 도굴꾼!

고대 이집트 사람들은 아마 피라미드 때문에 제일 유명해졌을 거예요. 피라미드는 파라오와 파라오의 아내들을 위해 지은 거대한 무덤이에요. 약 2,000년 동안 수백 개의 피라미드를 지었어요. 그리고 이런 피라미드는 지금까지 여전히 가장 규모가 큰 건축물에 속해요. 이집트 사람들은 온갖 종류의 속임수로 피라미드 깊숙한 곳에 둔 황금을 비롯한 귀중한 부장품을 훔치지 못하게 했어요. 무덤에서 물건을 훔치는 것은 이집트에서 큰 범죄 중 하나였어요. 나쁜 짓을 하다 걸리는 자는 누구든 고문을 당하고 목숨을 잃었지요. 이집트 사람들은 도둑들이 죽은 다음에, 신들한테 다시 한번 벌을 받는다고 믿었어요. 그렇다 할지라도 도둑들은 무덤을 파헤쳤지만 말이에요.

고양이 파라오가 가장 좋아하는 반려동물도 파라오와 함께 묻혔어요.

 **하인의 석관** 하인들이 파라오와 함께 묻히기도 했어요. 사후 세계에서도 파라오의 시중을 들 수 있도록 말이지요.

 **침대** 파라오의 무덤은 가구들이 가득 들어차 있었어요. 많은 가구들은 황금색 잎으로 덮어 놓았지요.

 **식사** 저장실에는 저장 식품이 가득 찼어요. 그래야 파라오가 굶지 않을 테니까요.

 **목걸이** 파라오와 함께 귀중한 보석도 묻었어요. 하지만 대부분은 무덤 도굴꾼들이 훔쳐 갔어요.

 **향수** 도굴꾼들은 옷과 화장품도 훔쳐 갔어요. 이 항아리에는 향수가 담겨 있어요.

고고학자들은 진짜 보물이 들어 있는 피라미드를 단 하나도 발굴하지 못했어요. (투탕카멘은 피라미드가 아니라 모래를 판 무덤에 묻혔어요. 그래서 보물이 그대로 보존되어 있었지요.) 오랫동안 역사학자들은 부유한 파라오를 시기하고 질투하던 평민이 무덤을 도굴했을 것이라고 생각했어요. 하지만 어떤 파라오는 자기 선조들의 무덤을 파서 구석구석 샅샅이 뒤지라고 명령을 내린 적도 있었어요.

클레오파트라 7세

클레오파트라 7세는 고대 이집트의 마지막 통치자였어요. 기원전 51년, 만 18세의 나이에 파라오가 되어서 남동생이자 남편인 프톨레마이오스 13세와 함께 나라를 다스렸어요. 그런데 프톨레마이오스 13세가 혼자 나라를 다스리려 하자, 클레오파트라 7세는 억지로 나라를 떠날 수밖에 없었어요. 하지만 곧, 로마의 지도자 율리우스 카이사르를 만났지요. 당시 카이사르는 프톨레마이오스 13세와 전쟁 중이었죠. 카이사르와 클레오파트라 7세는 사랑에 빠졌고, 카이사르의 도움으로 클레오파트라 7세는 남동생을 무찌르고 왕좌를 되찾았어요. 카이사르가 죽고 난 뒤에는 안토니우스와 가깝게 지냈지요. 안토니우스는 또 다른 로마 지도자 옥타비아누스와 전쟁 중이었는데, 로마를 지배하기 위해서는 옥타비아누스를 이겨야 했어요.

꼭 찾아봐야 할 열 가지

클레오파트라 7세 클레오파트라 7세는 275년 동안 이집트를 다스린 그리스 가문 출신이에요. 대부분의 가족들은 그리스어만 할 줄 알았지만, 클레오파트라 7세는 이집트어도 배웠어요.

안토니우스 처음에 안토니우스와 옥타비아누스는 동맹 관계였어요. 둘은 힘을 합쳐 옥타비아누스의 양아버지 카이사르를 살해한 자들을 물리쳤어요.

옥타비아누스 누가 로마를 다스릴 것인가를 두고 옥타비아누스와 안토니우스의 사이가 벌어졌어요. 옥타비아누스는 안토니우스가 부인 옥타비아(옥타비아누스의 여동생)를 버린 것에 무척 화를 냈어요.

배터링 램 배터링 램은 성문·성벽 파괴용 대형 망치를 뜻해요. 배의 흘수선(선체가 물에 잠기는 한계선) 아래에 나무로 만든 배터링 램을 다는 배들이 많았어요. 청동으로 더 튼튼히 만들어서, 적의 배를 쉽게 침몰시킬 수 있었어요.

부러진 노 싸움을 벌일 때, 배를 조종하려면 노가 꼭 있어야 해요. 배의 노가 망가지면 더 이상 제대로 싸울 수 없었어요.

병사 옥타비아누스의 병사들은 안토니우스의 배에 올라타서 선원들을 무찔렀어요.

궁수 옥타비아누스의 궁수들이 안토니우스의 배에 화살을 쏘아 댔어요.

발리스타 옥타비아누스의 병사들은 투석기와 발리스타라 부르는 기계를 사용해 돌과 나무토막을 안토니우스의 배에 쏘아 댔어요. 그렇게 갑판을 박살 내고 돛대를 부러트렸지요.

불타는 타르 때때로 선원들은 불타는 타르를 적의 배를 향해 던져 배에 불이 옮겨붙기도 했어요.

도와줘! 잔잔한 바다에서도 수많은 병사와 선원이 물에 빠져 죽었어요. 헤엄칠 줄 아는 사람이 드물었거든요.

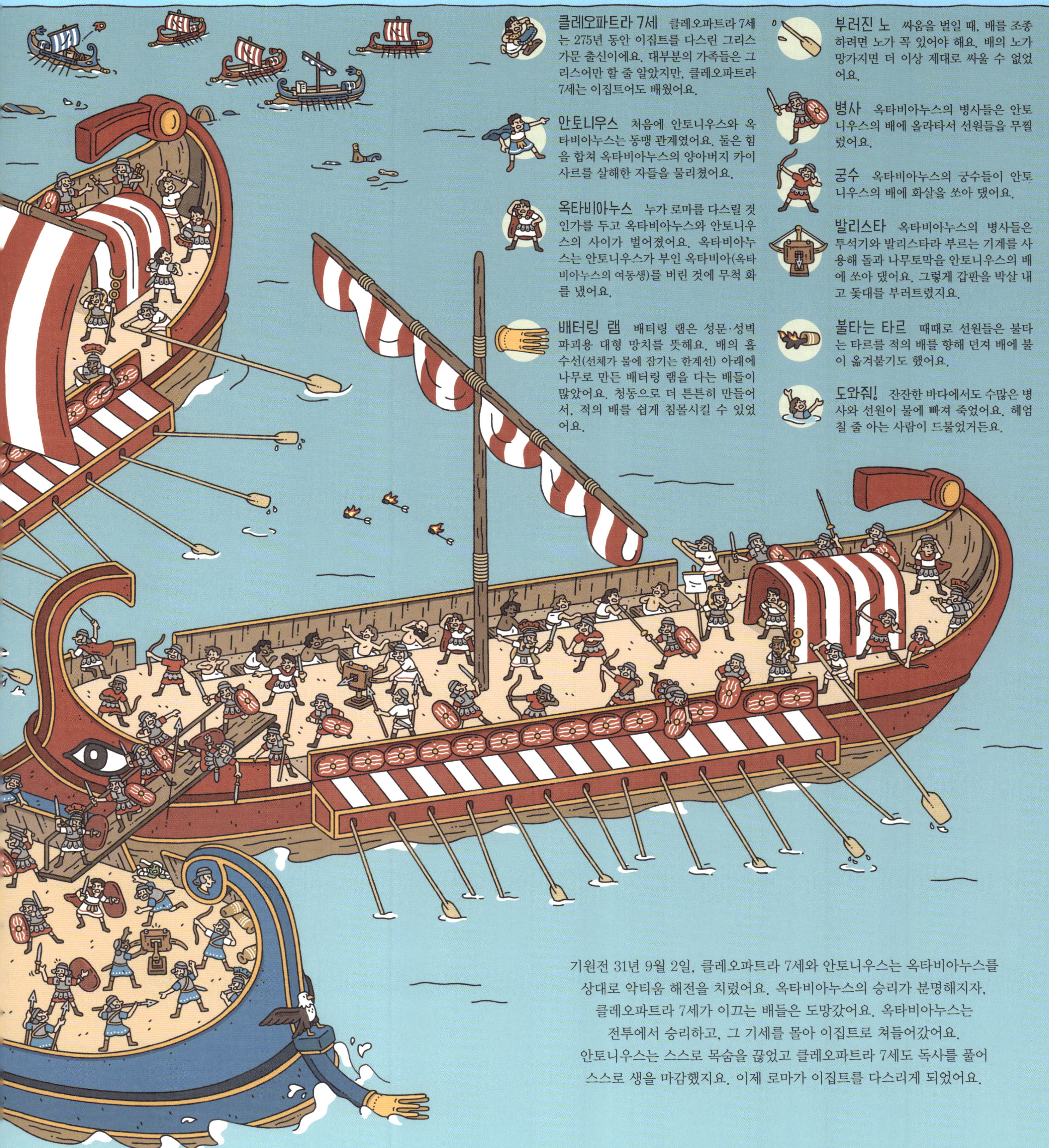

기원전 31년 9월 2일, 클레오파트라 7세와 안토니우스는 옥타비아누스를 상대로 악티움 해전을 치렀어요. 옥타비아누스의 승리가 분명해지자, 클레오파트라 7세가 이끄는 배들은 도망갔어요. 옥타비아누스는 전투에서 승리하고, 그 기세를 몰아 이집트로 쳐들어갔어요. 안토니우스는 스스로 목숨을 끊었고 클레오파트라 7세도 독사를 풀어 스스로 생을 마감했지요. 이제 로마가 이집트를 다스리게 되었어요.

스핑크스의 수수께끼

고대 이집트에 관해 우리가 제대로 알지 못하는 게 아직도 많이 있어요. 기자의 스핑크스는 세계에서 가장 유명한 기념물 중 하나이지만 누가 만들었는지, 언제 지었는지, 왜 만들었는지는 아무도 몰라요. 고고학자들은 이것을 스핑크스라고 부르는데, 인간의 얼굴과 사자의 몸통을 지닌 피조물을 부르는 고대 그리스어에서 따온 거예요.

스핑크스는 73미터 길이에 20미터 높이로, 세계에서 가장 커다란 돌 조각물이에요. 7층짜리 건물 정도 되지요. 대부분의 역사학자들은 스핑크스의 얼굴은 파라오 카프레의 모습을 본떴으며, 카프레의 피라미드를 보호하기 위해 스핑크스를 만들었다고 생각해요. 스핑크스는 수 세기 동안 대부분 모래에 파묻혀 있었어요. 게다가 몇백 년 전에는 코가 떨어져 나가 버렸어요.

여기 유명한 이집트인들이 있어요.

아멘호테프 1세
재위 기원전 1526년~기원전 1506년
아멘호테프 1세는 엄청나게 많은 사원과 기념물을 세웠어요. 일꾼들은 감사의 표시로 아멘호테프 1세를 신으로 숭배하기 시작했어요.

클레오파트라 7세
재위 기원전 51년~기원전 30년
클레오파트라 7세는 이집트의 마지막 파라오였어요. 무척 똑똑하고 뛰어난 정치인이었답니다.

하트셉수트
재위 기원전 1503년~기원전 1482년
하트셉수트는 최초의 여자 파라오였어요. 장대한 사원을 세우고, 교역로를 확장했어요. 가장 성공적인 파라오로 평가받아요.

카프레
재위 기원전 2558년~기원전 2532년
두 번째로 큰 피라미드의 주인공인 파라오예요. 카프레의 얼굴이 스핑크스의 얼굴 모델로 사용되었다고 생각하는 역사가들도 있어요.

꼭 찾아봐야 할 열 가지

 조심해! 스핑크스는 석회석 하나를 조각해서 만들었어요. 이 바위는 무척 연해서, 일부분이 홍수와 비바람에 깎여 떨어져 나갔어요.

 **모래** 수 세기 동안 스핑크스의 일부는 모래에 파묻혀 있었어요. 바람이 불면 모래가 조각 위로 날아다녔어요.

 비밀 터널 스핑크스 아래로 이어지는 통로가 세 개 있어요. 하나는 19세기에 발굴되었지만, 나머지 두 개는 아직 찾아내지 못했어요.

 **구멍** 사람들은 비계라는 임시 발판을 이용해 석회석에 조각을 했어요. 그래서 스핑크스의 몸통에는 작은 구멍이 많이 나 있어요.

 **복원 전문가** 약 30년 전 스핑크스의 왼쪽 어깨가 무너져 내리기 시작했어요. 과학자들은 미래 세대를 위해 스핑크스를 보존할 방법을 계속 찾고 있어요.

제단 화강암 제단의 유물이 스핑크스의 앞발 사이에서 발견되었어요.

코 스핑크스는 코가 없어요. 수백 년 전에 누군가 일부러 코를 떨어트렸을지도 몰라요. 하지만 그 이유를 아는 사람은 아무도 없어요.

대포로 인한 손상 얼굴에 생긴 다른 훼손은 8세기 말의 전쟁 때 프랑스 군인들이 발사한 대포 때문에 생긴 것으로 추측하고 있어요.

칠 긁힘 스핑크스의 얼굴에서 빨간색과 파란색 페인트의 흔적이 발견되었어요. 그래서 한때 밝은색으로 얼굴이 칠해졌을 거라고 몇몇 전문가들은 믿고 있어요.

꼬리 스핑크스는 꼬리가 달렸는데, 그 꼬리가 뒷발 하나를 감싸고 있어요.

아크나톤
재위 기원전 1379년~기원전 1362년
이 막강한 파라오는 아케타텐이라는 새로운 도시를 세웠어요. 아톤 이외의 다른 신은 믿지 못하게 했어요.

쿠푸
재위 기원전 2589?년~기원전 2566년
케옵스라고도 알려져 있는 쿠푸는 카프레의 피라미드보다 큰 피라미드를 가진 유일한 파라오예요.

네페르티티
재위 기원전 ?년~기원전 ?년
아크나톤의 부인으로, 아크나톤이 죽은 후 파라오에 올라 이집트를 다스린 것으로 추측되어요.

람세스 2세
재위 기원전 1279년~기원전 1213년
람세스 2세는 많은 자손을 남겼고, 장수했어요. 이전 파라오들이 세운 기념물들에 자신의 이름을 새겨 넣고, 자신을 신이라고 선언했어요.

투탕카멘
재위 기원전 1361년~기원전 1352년
투탕카멘은 젊은 파라오였지만 그리 오래 나라를 다스리지는 못했어요. 하지만 1922년에 투탕카멘의 무덤이 발견되어 유명해졌답니다.

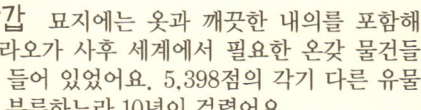 **장갑** 묘지에는 옷과 깨끗한 내의를 포함해 파라오가 사후 세계에서 필요한 온갖 물건들이 들어 있었어요. 5,398점의 각기 다른 유물을 분류하느라 10년이 걸렸어요.

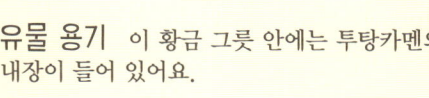 **유물 용기** 이 황금 그릇 안에는 투탕카멘의 내장이 들어 있었어요.

 단검 무덤에서는 굽은 운석 날이 달린 단검도 찾아냈어요. 이집트 사람들에게 운석은 황금보다 더 값비쌌을 거예요.

 **트럼펫** 묘에서 발견한 트럼펫 두 개는 지금까지 발견된 가장 오래된 물건이에요. 그 트럼펫 중 하나로 연주한 기록이 있지만 이제는 너무 부서지기 쉬워서 연주하지 않아요.

 **관** 두 개의 나무 관, 한 개의 순금 관 안에 투탕카멘의 미라가 들어 있었어요. 순금 관은 시커멓게 변했는데, 아마도 장례식 때 사제들이 부은 액체 때문일 거예요.

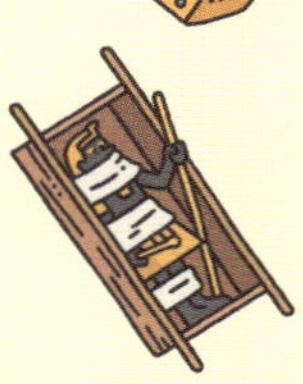

조각상 왕의 실물 크기 조각상은 '카' 또는 영혼의 수호자로 알려져 있어요. 이 조각상은 묘실로 이어진 입구를 지켰답니다.

상형 문자

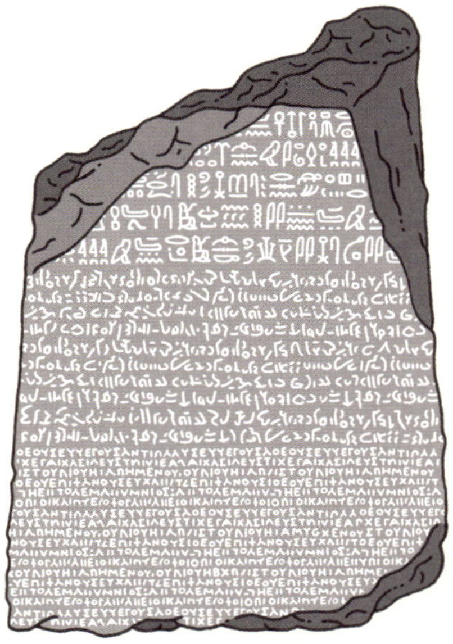

고대 이집트 사람들은 생김새를 본떠 글자를 만든 문자를 사용했는데, 그것을 상형 문자라고 불러요. 하지만 수 세기 동안 아무도 읽는 법을 몰랐어요. 마치 비밀 암호처럼 보였거든요. 1799년에 이르러 이집트에 요새를 짓던 군인들이 '로제타석'이라고 부르는 커다란 검은색 바위를 발견했어요. 같은 문장이 세 가지 각기 다른 문자의 형태로 돌 표면에 조각되어 있었어요. 이집트의 상형 문자, 고대 그리스 문자, 고대 이집트의 민용 문자(이집트에서 사용한 또 다른 형태의 문자)였어요. 역사학자들은 수년 동안 연구를 한 끝에 그리스 문자를 이용해 상형 문자의 뜻을 밝혀냈어요.

여기 상형 문자에서 사용한 알파벳이 있어요. 여러분은 이걸 이용해 비밀 메시지를 작성할 수 있어요. 문자 옆, 괄호 안에 적어 놓은 단어는 그 상징이 무엇에 해당하는지를 나타내요.

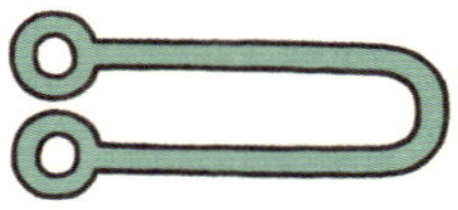

CH (밧줄)

KH (체)

SH (대접)

남자

여자

앙크 (고리 모양 십자가)

A (독수리)

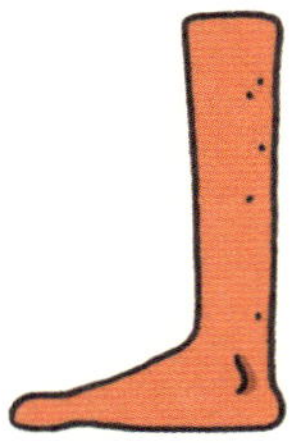

B (다리)

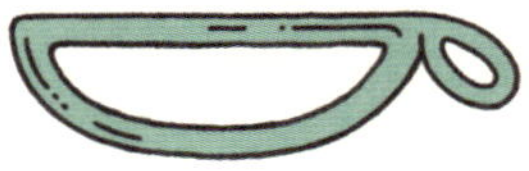

C (컵)

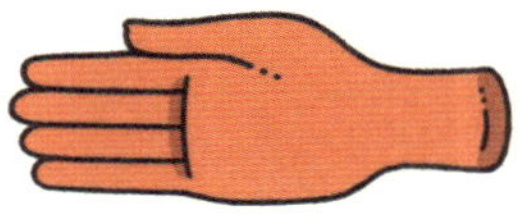

D (손)

E (깃털)

그림 찾기 도전!

아래에 있는 그림을 보고, 이 책의 어디에 있었는지 확인해 보세요. 미처 이 그림을 보지 못했다면, 이제 각각의 장면으로 돌아가 다시 한번 확인해 보세요. 덧붙여, 곳곳에 미라가 숨어 있답니다. 모두 찾았나요?

"불이야!"

방귀 뀌는 하마

낮잠

조각상 위에 올라간 사람

해골

"도와줘요!"

모래 천사

조각난 조각상

"갇혔어요!"

편안한 침대

바구니 모자

외계 돌 조각

"벌에 쏘였어요!"

행복한 고양이

"이 손 잡아!"

악어

블럭 쌓기

별 바라보기

장난감 새

파피루스 뭉치

가방에서 떨어진 속옷

활과 화살

잠자는 사람

근육질의 사람

꿀 채취

드론

사진사

정답

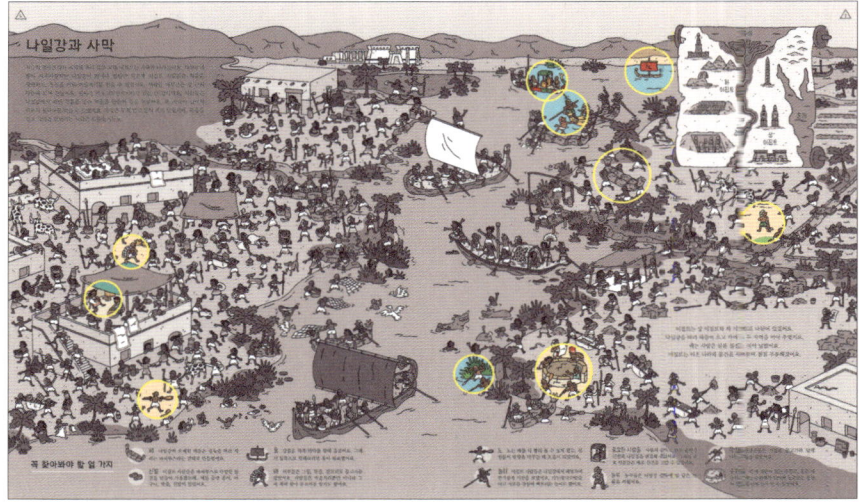
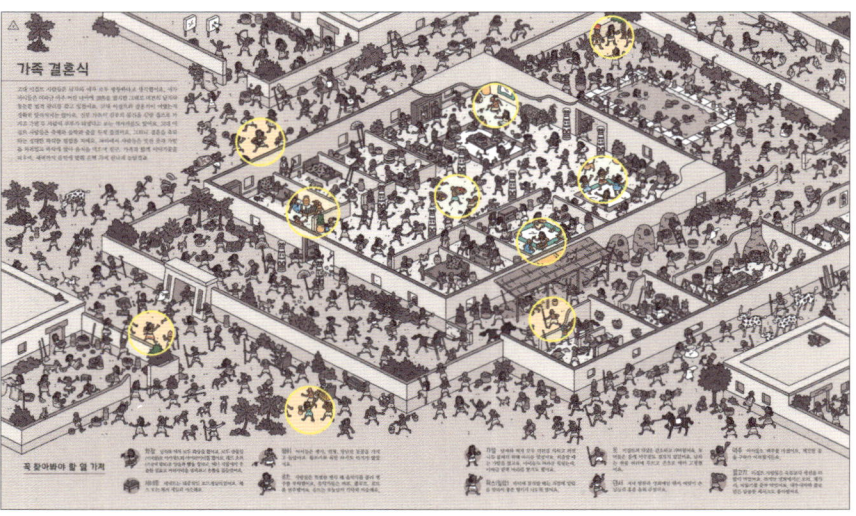
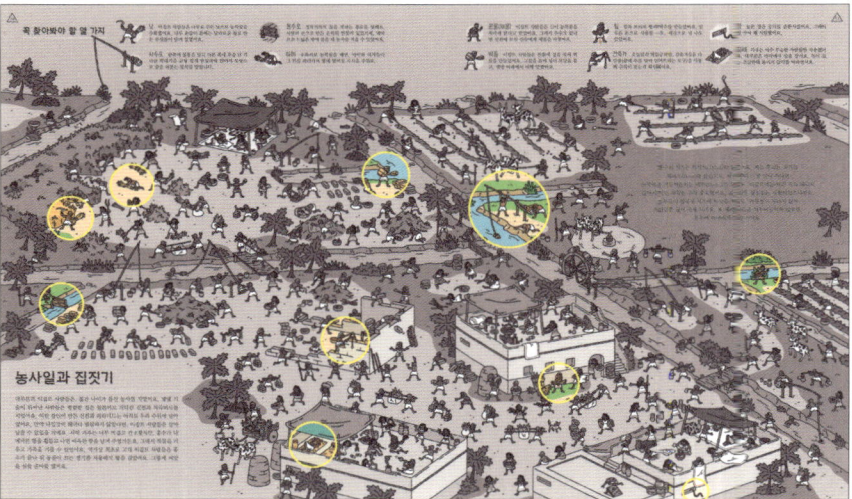

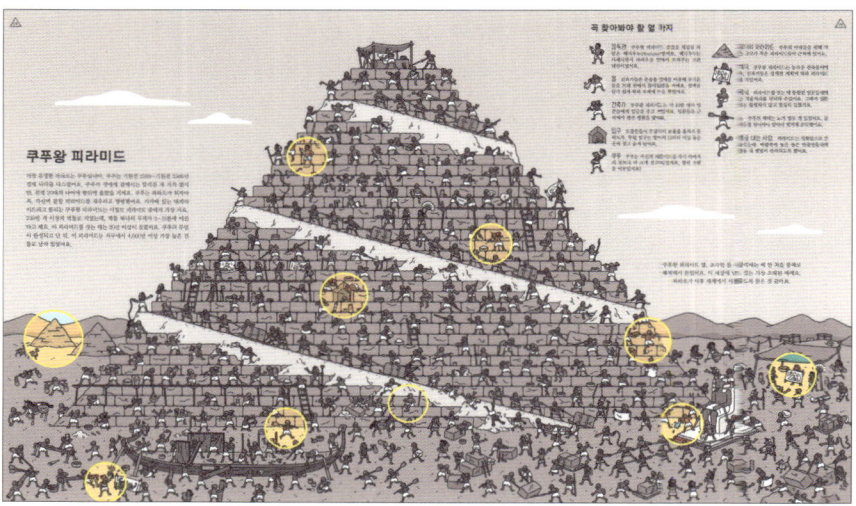
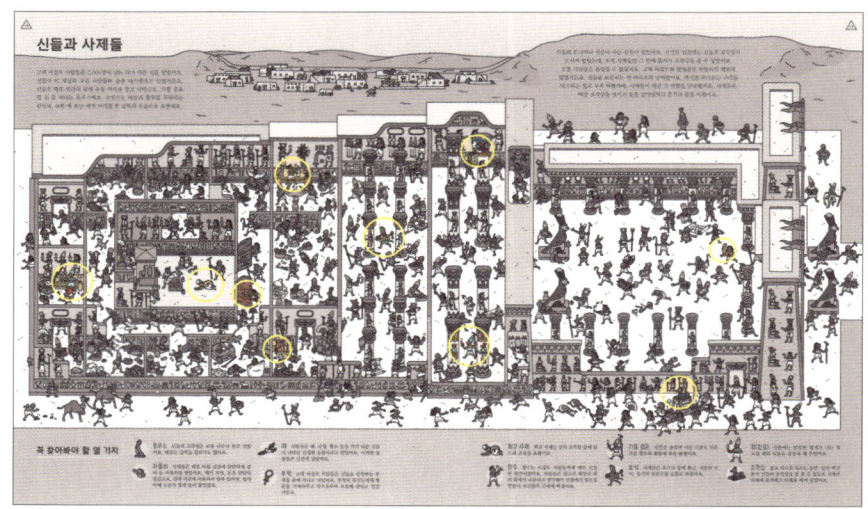
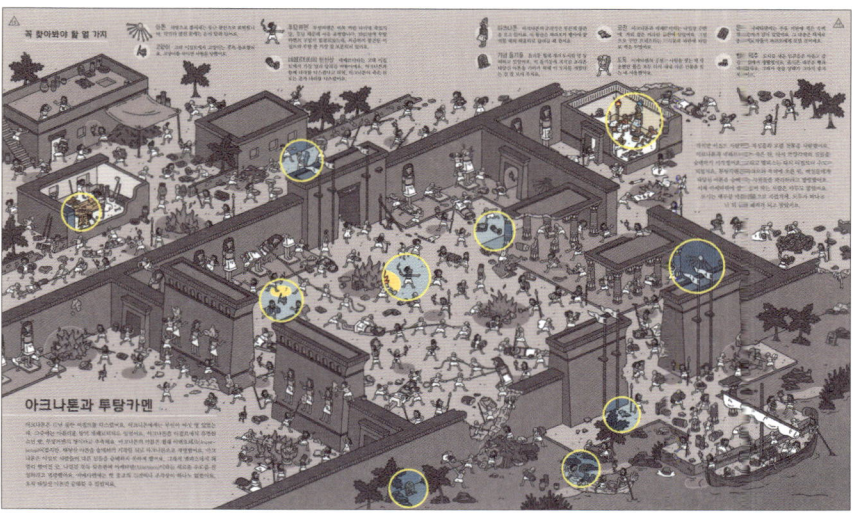

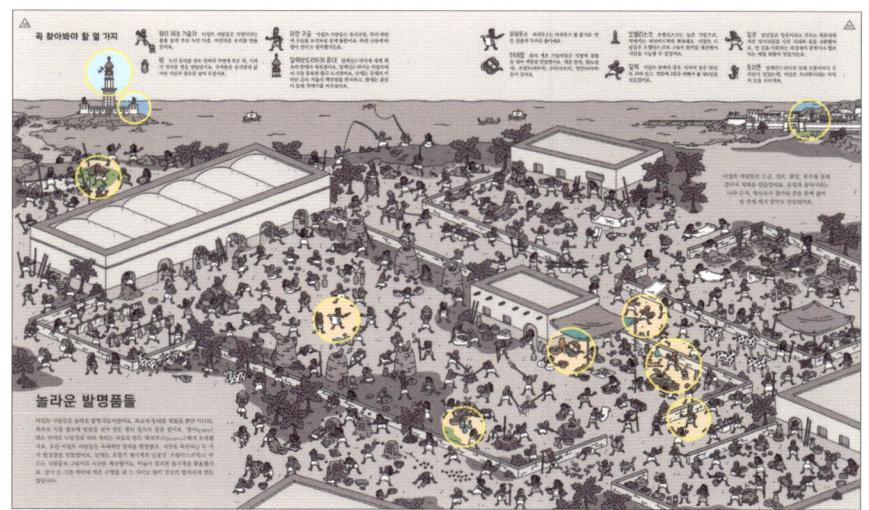

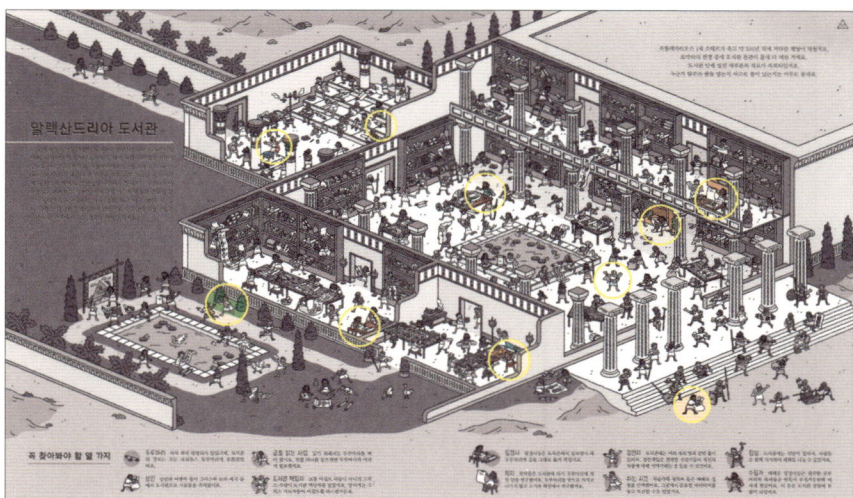
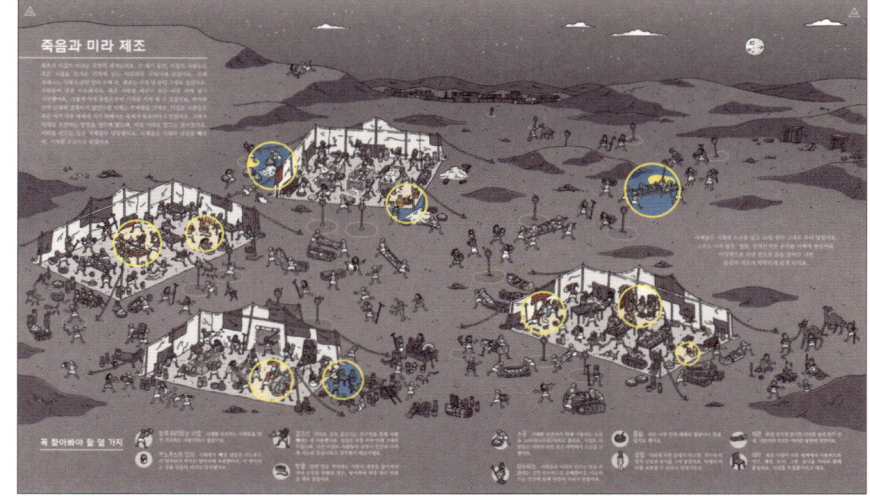
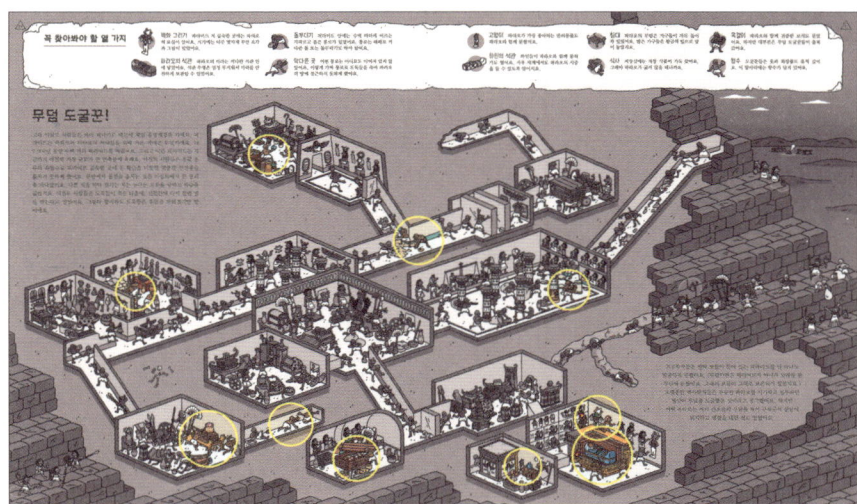
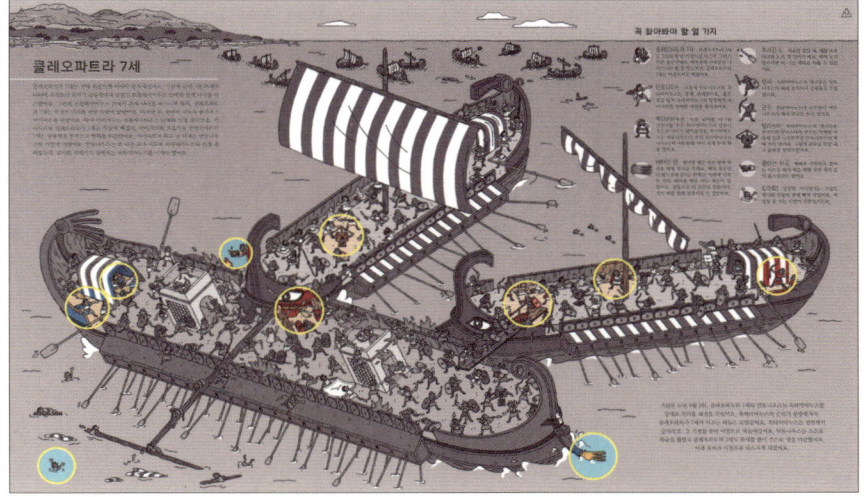

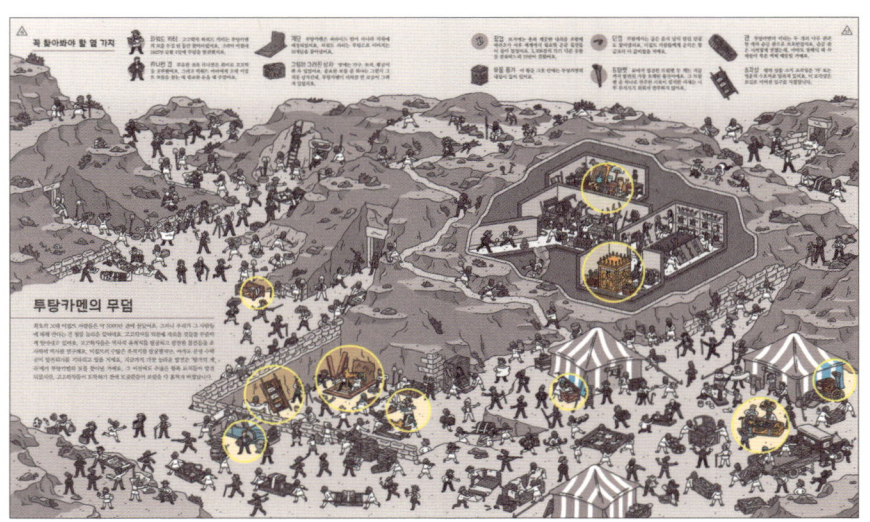

연대표

기원전 6000년
- 부족들이 나일 계곡으로 이주해 옴.
- 나일강에서 구한 진흙으로 도기를 만들어 사용함.

기원전 5000년
- 정착민들이 비옥한 땅에 밀과 보리 같은 농작물을 재배하기 시작함.

기원전 4500년
- 돛을 단 배들이 처음으로 나일강에서 사용됨. 이내 배는 이 지역에서 주요한 이동 수단이 됨.

기원전 3100년~기원전 2950년
- 나르메르왕이 이집트 문명을 일으켜 세움.
- 이집트 북부와 남부가 통일을 이룸.
- 상형 문자를 만듦.
- 나일강에서 구한 마른 진흙으로 집을 지음.

기원전 2950년~기원전 2575년
- 최고위 사제 임호텝이 파라오 죠세르의 피라미드를 지음.
- 멤피스가 이집트의 수도로 건설됨.
- 사람들이 파피루스에 글을 쓰기 시작함.

기원전 2575년~기원전 2150년
- 쿠푸왕 피라미드와 스핑크스가 기자에 세워짐.
- 이집트 사람들이 죽은 자들을 미라로 만들기 시작함.

기원전 2025년~기원전 1700년
- 사자의 서(죽은 자가 사후 세계로 가는 걸 돕기 위해 고안된 주문의 책)를 만듦.

기원전 2000년
- 말이 끄는 마차를 최초로 이용함.

기원전 1975년~기원전 1640년
- 이집트의 수도가 멤피스에서 테베로 바뀜.

기원전 1520년~기원전 1075년
- 아크나톤과 네페르티티가 나라를 다스리며, 다른 신들을 모두 아텐으로 대체하려 시도함.
- 왕족의 무덤들 '왕가의 계곡'으로 옮김.
- 투탕카멘이 잠시 다스림.
- 하트셉수트가 최초의 여자 파라오에 올라 나라를 다스림.

기원전 715년~기원전 332년
- 페르시아 왕 캄비세스 2세가 이집트를 정복했고, 그 뒤를 이어 그리스의 알렉산드로스 대왕이 이집트를 정복함.

기원전 196년
- 로제타석이 조각됨.

기원전 51년~기원전 30년
- 클레오파트라 7세가 파라오가 되어 나라를 다스림.
- 클레오파트라 7세에게는 카이사르 사이에서 얻은 아들과 안토니우스 장군과의 사이에서 얻은 자녀가 있었음.

기원전 30년
- 로마가 이집트를 정복한 뒤로 이집트는 로마 제국에 속한 하나의 주(州)가 됨.

642년
- 이집트는 아랍의 침략을 받아 이슬람 제국의 일부가 됨.

969년
- 북아프리카의 파티미드 칼리프가 보낸 군대가 이집트를 차지하고 알-카히라(오늘날의 카이로)를 세움.

1922년
- 고고학자들이 투탕카멘의 묘를 발견했는데 여기에는 황금과 보석이 가득 들어차 있었음.

용어 설명

갈고리(Crook)
파라오는 황금 지팡이 또는 갈고리 모양의 양치기 지팡이 가지고 다녔는데, 이것은 파라오가 백성을 보호할 의무를 상징해요.

계곡 사원(Valley Temple)
나일강 위에 있는 사원으로, 그곳에서 입을 여는 의식이 열렸을 것으로 추정해요. 미라가 장례용 배에 실려 이곳으로 도착했어요.

고관(Vizier)
이집트의 일상생활을 주관하는 책임자. 고관들은 파라오를 대신해 세금을 걷고 법을 집행했어요.

나일 삼각주(Nile Delta)
나일강이 지중해로 흐르는 지역. 무척 비옥해서 농사짓기에 아주 좋았어요.

네메스(Nemes Cloth)
파라오가 착용한 줄무늬 머리 장식으로, 왕족의 상징이에요.

누비아(Nubia)
나일강으로부터 홍해에 이르는 이집트 남쪽 지역.

데스마스크(Death Mask)
사람이 죽은 직후에 그 얼굴을 본떠서 만든 안면상. 미라에 얹어 두면 사후 세계로 여행하는 것을 지켜 준다고 믿었어요.

도리깨(Flail)
채찍 비슷한 물건으로 황금으로 만들어 파라오가 가지고 다녀요. 파라오가 적을 무찌르는 힘을 뜻하지요.

마스타바(Mastaba)
진흙 벽돌과 돌로 만든 직사각형의 위가 평평한 무덤. 왕족 이외의 고위층 사람들을 위해 사용되었어요. 왕족은 피라미드에 묻혔거든요.

묘실(Burial Chamber)
무덤(또는 피라미드) 안에 있는 방으로 미라가 놓인 곳이에요. 사후 세계에 필요한 물건들도 함께 넣어 두어요.

미라 제조(Mummification)
시체를 준비하고 미라로 만드는 복잡한 과정.

미라(Mummy)
방부 처리를 하고 나서 천 또는 붕대로 감싼 시체.

방부 처리(Embalming)
미라를 만드는 과정의 일부로, 썩거나 삭아서 변질되는 것을 막는 걸 뜻해요.

범람(Inundation)
나일강이 해마다 홍수가 나는 것처럼 큰물이 흘러넘치는 것.

부적(Amulet)
보석처럼 몸에 걸치거나 미라의 붕대 사이에 넣어 두며 행운을 기원했어요.

사자의 서(The book of the dead)
죽은 자가 사후 세계에 가는 걸 돕는다고 생각하는 주문과 찬가가 들어 있는 책. 파피루스에 적어 죽은 자의 묘실에 놓아요.

사후 세계(Afterlife)
고대 이집트 사람들이 죽은 뒤에 가게 될 곳이라고 믿는 곳.

상 이집트(Upper Egypt)
이집트 남쪽 지역.

상형 문자(Hieroglyphics)
그림을 닮은 기호를 사용한 이집트 문자의 형태. 쓰기 복잡해서 무덤에 새겨 넣거나 공식적 또는 의례의 목적을 위해서만 사용했어요.

샤두프(Shaduf)
강에서 물을 끌어올려 근처 논에 물을 대기 위해 만들어진 장치.

샤브티(Shabti)
무덤 안에는 샤브티라는 미라 모양의 작은 조각상도 넣어요. 이 조각상은 사후 세계에서 죽은 사람의 하인 역할을 하지요.

석관(Sarcophagus)
돌로 만든 바깥쪽 관으로. 이 안에 나무 관을 넣어요.

소다석(Natron)
천연 소금으로. 미라를 만드는 과정에서 시체를 말리는 데 사용했어요.

송진(Resin)
나무 수액에서 나오는 끈적끈적한 물질로 미라를 방부 처리할 때 사용해요.

스카라브(Scarab)
고대 이집트인이 사용한 왕쇠똥구리 모양의 부적. 고대 이집트에서 쇠똥구리는 신성한 상징이었는데, 이것은 새로운 생명과 재생을 나타냈어요.

스핑크스(Sphinx)
사자의 몸통과 인간의 머리를 한 조각상. 기자의 스핑크스가 유명해요.

앙크(Ankh)
'영원한 삶'을 뜻하며, 사후 세계의 문을 여는 열쇠라 믿었어요.

오벨리스크(Obelisk)
보통 사원 입구에 세우던 높은 돌기둥으로. 꼭대기에는 작은 피라미드가 있어요.

왕가의 계곡(Valley of the kings)
나일강 중류 룩소르 서쪽에 있는 계곡으로, 지하 무덤에 파라오들이 묻혔어요.

입을 여는 의식(Opening of the mouth)
장례 의식 중 하나로, 사제가 까뀌(adze)라는 특별한 도구로 미라의 머리, 발, 눈, 귀, 코, 입술을 만져요. 이렇게 하면 죽은 자가 사후 세계에서 다시 먹고 마실 수 있게 된다고 믿었어요.

장례용 배(Funerary Barge)
미라를 매장지로 실어 가는 배.

장제전(Mortuary Temple)
고대 이집트에서 국왕의 영혼을 제사 지내던 곳. 피라미드 옆에 세운 사원으로, 사제들이 죽은 자의 영혼에 공물(제물)을 바쳤어요.

주지사(Nomarch)
고대 이집트에서 파라오를 대신해 한 지역을 다스리는 사람.

카(Ka)
생존하기 위해서 음식과 음료가 필요한 인간 영혼의 일부. 죽으면 몸을 떠난다고 생각했어요.

카노푸스의 단지(Canopic Jars)
고대 이집트에서 죽은 자의 내장을 보관한 항아리로. 화려한 장식이 돋보여요.

카르투슈(Cartouche)
고대 이집트 파라오의 이름을 둘러싸고 있는 타원형이나 직사각형의 테두리 장식. 영원한 삶을 상징하기 때문에 파라오들은 이 안에 자신의 이름을 적어 두면 자신이 영원히 살 것이라고 믿었어요.

케이싱 스톤(Casing Stone)
피라미드의 꼭대기 또는 바깥쪽 층으로. 대부분 석회석을 반들반들하게 문질러 만들었어요.

쿠푸왕 피라미드(Great pyramid of khufu)
파라오 쿠푸를 위해 세워진 기자의 최대 규모 피라미드. 약 4000년 이상 세계 최고층 건축물로 위용을 자랑했어요.

파피루스(Papyrus)
강둑에 자라는 갈대. 배에서 종이에 이르기까지 파피루스로 다양한 것들을 만들어 사용했어요.

프스켄트(Pschent)
파라오가 쓰는 이중 왕관.

필경사(Scarab)
글씨 쓰는 일을 직업으로 하는 사람. 정부 관료, 사제, 장군, 파라오는 글을 읽고 쓸 줄 알았지만, 대부분의 이집트 사람들은 글을 몰랐어요.

하 이집트(Lower Egypt)
이집트 북쪽 지역.

헤브 세드(Heb Sed)
고대 이집트의 왕인 파라오의 통치가 계속되는 것을 기념하는 축제.

히에라틱(Hieratic)
이집트 상형 문자체의 하나로 단순화된 형태라 빨리 쓸 수 있었어요.